**Collection dirigée par Hélène Montardre**

Conseiller scientifique : Philippe J. Dubois

Conception graphique : Sarbacane

Maquette : Studio Mango

© 2003 Mango Jeunesse

Loi n° 49-956 du 16 juillet 1949

sur les publications destinées à la jeunesse

Dépôt légal : janvier 2003

Imprimé en Italie

Qui es-tu ?

# Le petit ours blanc

Textes de Valérie Guidoux

**MANGO** Jeunesse

# Dans la nuit polaire

C'est l'hiver dans le grand Nord. Le soleil ne se montre plus depuis des semaines. Il fait nuit même à midi. Dans les régions arctiques, près du pôle Nord, le soleil disparaît de novembre à fin février. Une faible lueur apparaît à peine à l'horizon, en plein midi : c'est la nuit polaire. Il fait environ −30°C et la mer gelée forme une immense banquise.

Tout au fond de sa tanière creusée dans la neige, l'ourse polaire se moque bien du vent glacé qui souffle dehors : elle vient de donner naissance à deux oursons. Ils commencent leur vie bien à l'abri, enfouis dans la chaude fourrure de leur mère. Ils ne sortiront de la tanière qu'à l'âge de trois mois.

## À TON AVIS :

Pendant ce temps, que fait l'ours blanc mâle ?

→ Réponse 1 : Il hiberne dans un autre abri.

→ Réponse 2 : Il est parti au sud pour fuir l'hiver.

→ Réponse 3 : Il chasse sur la banquise.

## ... L'ours blanc mâle

Les ours blancs n'hibernent pas : ils restent actifs tout l'hiver, car c'est la meilleure saison pour la chasse. Seules les femelles qui vont avoir des petits se mettent à l'abri. En octobre, l'ourse a creusé sa tanière et s'y est enfermée. Elle ne mangera rien jusqu'au printemps, mais ses réserves de graisse sont suffisantes pour assurer sa survie et lui permettre d'allaiter ses oursons.

**La tanière de l'ourse est une chambre creusée dans la neige, au bout d'un tunnel de quelques mètres. Il y fait un peu moins de 0°, c'est-à-dire bien meilleur que dehors !**

**Le lait de l'ourse, gras et nourrissant, protège les oursons du froid. Quand ils sortent de la tanière, en mars ou avril, ils pèsent 10 à 15 kg.**

chasse sur la banquise.

Les oursons nouveau-nés, aveugles et couverts de poils ras, mesurent 35 cm et pèsent environ 600 g. Nés en décembre, ils passent leurs trois premiers mois à dormir. Ils se réveillent pour téter leur mère et jouer entre ses pattes. Au printemps, ils la suivent dans la neige ; ils sont déjà couverts d'une épaisse fourrure.

# Un terrible chasseur

**U**n timide soleil d'avril éclaire la banquise qui s'étend à perte de vue. Le petit ours et son frère font des glissades sur une congère en grognant comme des chiots, avant de s'endormir d'un seul coup, pour une petite sieste ventre en l'air. Assise sur la glace, non loin de là, l'ourse les surveille du coin de l'œil. Silencieuse, parfaitement immobile, elle ne se repose pas : elle chasse…

## À TON AVIS :

### Que fait l'ourse ?

→ Réponse 1 : Elle attend un phoque.

→ Réponse 2 : Elle guette un poisson.

→ Réponse 3 : Elle essaie de surprendre un oiseau.

L'ours blanc profite de la banquise pour pêcher... en pleine mer ! Car, sous l'épaisse couche de glace, les eaux froides des mers polaires sont parmi les plus riches en nourriture de toute la planète. Les poissons y sont si abondants, que bien des chalutiers de nos pays vont dans le grand Nord en été pour pêcher.

# ... L'ourse attend

Les phoques constituent la principale nourriture de l'ours polaire, durant toute la saison hivernale : tant que la mer est gelée, ils sont faciles à attraper. Mais quand la glace a fondu, les phoques sont bien trop rapides pour être chassés à la nage.

**B**eaucoup de phoques vivent dans les mers polaires. Ce sont des mammifères marins. En hiver, pour respirer, ils ménagent des trous d'air dans la banquise, à intervalles réguliers : c'est là que les ours les attendent, patiemment… Quand un phoque sort le museau, l'ours l'attrape d'un puissant coup de patte et le hisse sur la banquise pour le manger.

Parfois, l'ours plonge sous la glace et nage d'un trou d'air à l'autre : il surgit brusquement de l'eau et s'empare d'un phoque allongé sur la glace.

n phoque.

Au début de l'été, la glace se défait : plus de chasse au trou ! L'ours profite alors des siestes des phoques : il s'approche comme un voleur, se fige si l'animal lève la tête... et bondit sur sa proie au dernier moment.

Les oursons sont allaités durant au moins 20 mois. Leur survie dépend des succès de l'ourse à la chasse aux phoques : si elle ne mange pas assez, ils mourront de faim. Plus de la moitié des oursons meurent durant leur première année.

# Un ours à la mer !

**C'**est le début de l'été. De grandes plaques de glace se détachent de la banquise et dérivent sur l'océan Arctique. À cette saison, dans l'Arctique, le soleil semble ne jamais se coucher. Même à minuit, sa lumière éclaire l'horizon, et le jour dure plusieurs mois. De mai à juillet, la banquise fond, la mer se libère : c'est la débâcle. Pour les ours, c'est le début d'une saison… sans phoque.

Vautrés sur un glaçon flottant, le petit ours blanc et sa mère ne semblent pas s'inquiéter de naviguer ainsi. De temps en temps, l'ourse plonge et dévore un poisson. Aussitôt, l'ourson la rejoint pour une joyeuse séance de natation.

## À TON AVIS :

Comment l'ours peut-il rejoindre le rivage ?

→ Réponse 1 : En ramant sur son radeau de glace.

→ Réponse 2 : À la nage.

→ Réponse 3 : En se laissant dériver.

 ... **L'ours blanc rejoint le rivage**

**L'**ours polaire passe autant de temps sur l'eau ou la banquise que sur la terre ferme. Même en été, il ne s'éloigne guère du rivage, car la mer est sa principale source de nourriture. Parfaitement adapté à l'eau, il n'hésite pas à faire des kilomètres à la nage, mais il peut aussi parcourir de longues distances en dérivant sur des glaces flottantes.

En sortant de l'eau, l'ours se secoue comme un chien. Sous ses longs poils imperméables, il porte une fourrure très dense, parfaitement étanche.

Les puissantes pattes de l'ours battent l'eau très efficacement. Ses doigts reliés par une membrane forment une large palme. Il peut nager plusieurs dizaines de kilomètres sans s'arrêter !

la nage, ou en se laissant dériver.

L'ours est protégé du froid par sa fourrure, mais aussi par une épaisse couche de graisse située sous la peau. Cette graisse l'aide également à flotter dans l'eau.

La mère nettoie sa fourrure après chaque repas, en se léchant, en se frottant sur la neige ou en se baignant. Elle apprend cela à son petit, car des poils sales protègent moins bien du froid.

# Tout l'été... en manteau d'hiver

**S**ur la plage, l'ourson blanc court de-ci, de-là : il s'amuse à faire voler les oies. Loin derrière lui, sa mère avance lentement, d'un pas lourd. Elle n'essaie même pas d'attraper un oiseau. À quoi bon s'agiter pour si peu ! Avec cette chaleur, elle préfère plonger dans la mer … ou se coucher au creux d'un rocher bien frais, en attendant que ce jeune fou soit calmé.

Quand on grimpe une montagne en **courant**, emmitouflé dans un manteau, on a vite très chaud ! Avec sa grosse fourrure, l'ours blanc ne court jamais très longtemps. Le jeune ours, lui, est moins bien **couvert** : il peut galoper sur une **distance** de deux kilomètres.

## À TON AVIS :

### De quelle couleur sont les poils de l'ours blanc ?

→ Réponse 1 : Blancs.

→ Réponse 2 : Blancs et jaunes.

→ Réponse 3 : Translucides.

... Les poils

L'été, la chasse est difficile. Les ours évitent absolument de courir, mais ils nagent volontiers pour attraper des poissons ou des oiseaux marins au repos sur la mer.

L'ours polaire peut courir à 40 km/heure. C'est presque la vitesse d'une voiture en ville. Mais, même en hiver, il ne court pas longtemps, car il est rapidement en surchauffe.

Entre deux efforts, l'ours s'allonge le ventre en l'air : sa fourrure est moins dense à cet endroit, et cela lui permet d'évacuer un peu de chaleur interne.

# ...e l'ours blanc sont translucides.

**L**es poils translucides de l'ours conduisent la lumière du soleil jusqu'à sa peau noire, qui capte la chaleur. Ainsi, il profite au maximum des rayons du soleil. Une fois piégée, la chaleur ne s'échappe pas du corps de l'ours, grâce à la densité de sa fourrure. Tout cela lui permet, en hiver, de faire face à des températures polaires… mais en été, quelle chaleur !

**En été, les ours sont moins actifs que l'hiver. Ils font beaucoup de siestes. Pour se rafraîchir, ils recherchent les tas de neige ou se creusent un trou dans la terre.**

# Les vagabonds du Nord

**T**out au long de l'été, le petit ours et sa mère ont vagabondé à travers les étendues du grand Nord, à la recherche de nourriture. Ce soir, une forte odeur flotte dans l'air… Sur le rivage, une baleine échouée a attiré une dizaine d'ours, qui se partagent sa dépouille. Malgré sa faim, la femelle reste à l'écart du festin. Elle ira manger plus tard, car elle se méfie des mâles.

Vers la mi-octobre, dès que la glace se forme, les ours se dispersent sur la banquise. Le petit ours reste avec sa mère jusqu'à l'âge de deux ans. Cet hiver, elle lui apprendra à chasser le phoque.

## À TON AVIS :

Pourquoi l'ourse évite-t-elle les mâles ?

→ Réponse 1 : Parce qu'ils ne partagent pas la nourriture.

→ Réponse 2 : Parce qu'ils peuvent manger ses petits.

→ Réponse 3 : Parce qu'ils se bagarrent avec les femelles.

 **...L'ourse évite les mâles.**

**L'**ourse ne rencontre le mâle qu'au moment de l'accouplement, qui a lieu au printemps. Elle s'occupe seule de ses petits, les défend farouchement et ne laisse jamais un ours mâle s'en approcher : il pourrait tuer ses petits pour les manger. En revanche, si plusieurs mères se croisent, les jeunes en profitent pour jouer ensemble.

L'ours blanc est à l'aise sur la glace. Sous chacune de ses pattes, des coussinets rugueux l'empêchent de glisser.

car ils peuvent manger ses petits.

Au début de son troisième hiver, le jeune ours quittera sa mère. Il peut parcourir 1 000 kilomètres pour trouver un territoire immense, qu'il va parcourir chaque année. C'est sans doute pour cela que les Inuits appellent l'ours blanc *pihoqahiak*, le vagabond.

Chaque automne, des ours blancs viennent en nombre manger des détritus dans la décharge de Churchill, une ville du grand Nord canadien sur la baie d'Hudson.

L'**ours blanc** ou **ours polaire** appartient à la classe des **mammifères** : cela signifie que la femelle allaite ses petits. Il appartient à l'ordre des **carnivores** : cela signifie qu'il mange surtout de la viande. Il appartient à la famille des **ursidés** : les animaux qui ressemblent à l'ours blanc, comme l'ours brun ou le grand panda, font aussi partie de cette famille. Son nom scientifique est **Ursus maritimus** : tous les animaux ont un nom savant qui est compris par les scientifiques du monde entier. L'ours blanc adulte pèse **de 350 à 700 kg** si c'est un mâle, et de **150 à 300 kg** si c'est une femelle. L'ours blanc peut vivre environ **25 ans**. Il vit sur la banquise et les côtes des régions arctiques, tout autour du pôle Nord.

Son long cou permet à l'ours blanc de garder la tête hors de l'eau quand il nage.

De solides griffes, longues de 5 cm, sont des armes terribles pour saisir les proies.

Les animaux sont très nombreux et très différents les uns des autres. Pour s'y retrouver, les scientifiques les ont classés en fonction de leurs ressemblances et de leur façon de vivre.

Les oreilles de l'ours blanc sont petites. Elles ne perdent pas de chaleur.

L'ours blanc a un excellent odorat. C'est grâce à son flair qu'il repère les trous d'eau des phoques.

L'ours blanc est équipé comme un carnivore : ses canines sont longues et pointues pour mieux saisir les proies ; ses molaires sont acérées pour arracher la viande.

Du museau à l'arrière-train, l'ours blanc mesure environ 2,60 m. Du sol au garrot, l'ours blanc mesure environ 1,60 m.

L'ours blanc est protégé du froid par une épaisse couche de graisse.

Les pattes de l'ours blanc sont très larges. Son poids est ainsi réparti sur la neige, ce qui lui évite de s'enfoncer. Il peut aussi marcher sur une glace fine sans la briser.

L'ours blanc pose le pied à plat quand il marche. L'espace entre les doigts est palmé, pour faciliter la nage.

23

# LE PETIT OURS BLANC

**Crédit photographique**

© Colibri

photo Ch. Simon : couverture, page de titre,
4ᵉ de couverture, page 13 (hd), 22

photo Negro-Cretu : page 5

photo B&C Baranger : page 8, 12

photo C. Balcœur : page 9

photo Pouyfourcat : page 16


© Sunset

photo S. T. F : couverture

photo G. Lacz : page 2, 4, 10, 23

photo L. Bertrand : page 16

photo C. Simon : page 17

photo B. Simon : page 20 (b)


© Phone

photo G. Fleury : page 3


© Bios

photo C. Barbançon : page 5 (hd)

photo C. Ruoso : page 5 (hg), 13 (bg), 21 (h), 21 (b)

photo F. Berndt : page 7

photo D. Bringard : page 12 (b)

photo K. Wothe : page 13 (hg)

photo V. Fournier : page 15

photo R. Valarcher : page 18

photo H. Ausloos : page 20 (h)